Carlos elige una mascota

por Ann Rossi

Every effort has been made to secure permission and provide appropriate credit for photographic material. The publisher deeply regrets any omission and pledges to correct errors called to its attention in subsequent editions.

Unless otherwise acknowledged, all photographs are the property of Pearson.

Photo locations denoted as follows: Top (T), Center (C), Bottom (B), Left (L), Right (R), Background (Bkgd)

Opener: (L) Getty Images, (R) © Stockbyte; 1 (CL) Getty Images, (CR) ©Stockbyte; 3 Rubberball Productions; 4 Getty Images; 5 (T) Getty Images, (B) Rubberball Productions; 6 © Stockbyte; 7 Getty Images; 8 © Stockbyte; 9 © Stockbyte; 10 Rubberball Productions; 11 (TL) ©Comstock Inc., (BR) Digital Vision

ISBN 13: 978-0-328-40295-3
ISBN 10:   0-328-40295-8

Copyright © Pearson Education, Inc. or its affiliate(s). All Rights Reserved.
Printed in the United States of America. This publication is protected by copyright and permission should be obtained from the publisher prior to any prohibited reproduction, storage in a retrieval system, or transmission in any form or by any means, electronic, mechanical, photocopying, recording, or likewise. For information regarding permission(s), write to: Pearson School Rights and Permissions, One Lake Street, Upper Saddle River, New Jersey 07458.

Pearson and Scott Foresman are trademarks, in the U.S. and/or other countries, of Pearson Education, Inc. or its affiliate(s).

3 4 5 6 7 8 9 10 V0N4 13 12 11 10

Carlos estaba feliz. ¡Por fin iba a elegir una mascota!

—Una mascota es una gran responsabilidad —dijo su mamá.

—Una mascota tiene muchas necesidades —dijo su papá.

—Elegiré una mascota que yo pueda cuidar bien —dijo Carlos.

Carlos y sus papás fueron al albergue de animales. Primero, Carlos visitó los conejos. Algunos dormían. Otros masticaban pasto. Carlos aprendió que los conejos mastican mucho. Algunas cosas pueden hacerles daño. Por eso hay que tenerlos en una jaula.

Carlos pensó en elegir un conejo de mascota. Lo podía sacar de la jaula para jugar con él. Pero, ¿y si masticaba algo malo? No. Un conejo no era la mascota para él.

Después, Carlos fue a ver a los perros. Los perros ladraron y movieron la cola. Carlos pensó que sería divertido tener un perro. Le podía enseñar a sentarse y atrapar pelotas. Entonces Carlos aprendió que un perro necesita que lo saquen a caminar más de una vez al día.

Carlos pensó en elegir un perro de mascota. Carlos vivía en la ciudad. Todos los días tendría que sacarlo a caminar, por la mañana y por la tarde. No, pensó Carlos. Un perro no era la mascota para él.

Por último, Carlos vio los gatos. Acarició a un gatito blanco y negro. No tendría que sacarlo a caminar. Estaría seguro en su casa. Sólo necesitaba comida y agua. A los gatos les gusta jugar y dormir. También les gusta que los mimen.

—¡Un gato es la mascota perfecta para mí! —dijo Carlos.

Carlos aprendió que una mascota necesita ir al veterinario. Prometió que llevaría a su gato al veterinario si se enfermaba.

—También lo llevaré a sus chequeos —dijo Carlos.

Los padres de Carlos lo dejaron quedarse con el gatito. Carlos estaba feliz.

Cuando llegó a su casa, Carlos sacó dos tazones. Llenó uno con agua. Llenó el otro con comida para gatos. Puso los dos tazones junto a su gatito. El gatito tomó agua y comió bien. ¡Carlos ya estaba cuidando a su mascota!

Carlos recordó que su gatito necesitaba un nombre.

—Le pondré Manchas, porque tiene manchas negras y blancas —dijo Carlos.

El gatito ronroneó. Carlos se acostó feliz.

Cómo alimentar a un gato

Cuando un gatito nace, deja de tomar la leche de su mamá muy pronto. Entonces hay que darle de comer cuatro veces al día. A los tres meses de nacido hay que darle de comer tres veces al día. A partir de los seis meses, se le debe dar de comer dos veces al día.